Für alle,
die die Gunst der Stunde
nutzen wollen

und
Roberto,
den bösen Rocker.

Frank Manthey

Reich werden durch Hartz IV

Chancen und Risiken geförderter Selbständigkeit

©Frank Manthey 2007

Herstellung und Verlag:
Books on Demand GmbH
Norderstedt

ISBN-13: 9783837015720

Bibliografische Information der Deutschen
Nationalbibliothek
Die Deutsche Nationalbibliothek verzeichnet diese
Publikation in der Deutsche Nationalbibliografie;
detaillierte bibliografische Daten sind im Internet
über http://dnb.d-nb.de abrufbar.

Inhalt

Einleitung

Warum schreibt ein Projektmanager wie ich ein Buch über Reichtum und Hartz-IV?

Ganz einfach! Es ist nicht gerade erfreulich, über die Jahre für immer weniger Geld arbeiten zu gehen und andererseits eine bisher (in der Bundesrepublik) noch nie da gewesene Bevormundung auf uns alle zukommen zu sehen. Ich war nicht immer Projektmanager. Studiert hatte ich ursprünglich Sozialpädagogik. Nach meinem Diplom, arbeitete ich in Sozialprojekten im Auftrag des Arbeitsamtes und leitete jahrelang Seminare zum Thema Bewerbungstraining. Nun wird vielleicht einigen der „Arbeitslosigkeitsveteranen" unten den Lesern schon bei der Nennung dieses Begriffes die „Hutschnur" platzen, den anderen möchte ich kurz erklären warum. Wer erst einmal längere Zeit „Kunde" der Agentur für Arbeit oder der JobCenter war, kam sicherlich schon des öfteren in den „Genuss" einer solchen Veranstaltung.

Zuerst erfolgt die obligatorische „Vorstellungsrunde", das berufliche Vorleben (oder die ABM-Karriere) wird herunter gespult und mit etwas negativen Erfahrungen mit dem „Amt" und den früheren Arbeitgebern gewürzt. Der (immer wieder „beliebte") Hauptteil des Seminars war der „korrekte" Aufbau des Anschreibens und Lebenslaufes. Danach kamen bewerbungstechnische Geheimwaffen wie die „Initiativbewerbung" und die „telefonische Bewerbung" und ab Ende der 90iger schließlich die per E-Mail zum Einsatz.

Nun ist es im normalen Leben (ähnlich wie im Krieg) so, dass neue Waffen am besten taugen, solange sie noch überraschend sind. Ziemlich schnell ergreift die andere Seite Gegenmaßnahmen wie:

„Schicken Sie uns bitte keine unaufgeforderte E-Mail-Bewerbung mehr!" Ansonsten haben sich die meisten Personalabteilungen wegen schriftlicher Initiativbewerbungen größere Mülleimer angeschafft ...

Die Einzigen, die mit Sicherheit davon profitierten, waren die Urheber Jürgen Hesse und Hans Christian Schrader. Nach eigenen Angaben (auf Ihrer Internetseite „www.berufsstrategie.de") haben die beiden bisher „Millionen" Bücher verkauft und tausende Seminare abgehalten. Vorsichtig geschätzt, müssen sie mittlerweile echte „Selfmade-Millionäre" sein, was das überzeugend breite Lächeln von beiden (auf der Startseite oben rechts) erklärt.

Von „Nichts" kommt bekanntlich auch „Nichts", so mussten beide in den letzten 15 Jahren dafür auch recht fleißig sein und schrieben insgesamt 70 Bücher rund um das Thema „Bewerbung". Dabei deckten sie jeden nur erdenklichen Bereich und jede Nische von jung bis alt und gering- bis hochqualifiziert ab. Alphabetisch reichen die Titel von „Arbeitszeugnisse" (184 Seiten) bis „Was steckt wirklich in mir?" (224 Seiten). Teilt man die Anzahl der Schriften durch die Zahl der Jahre, erhält man jährlich 4,66. Nun sind es ja zwei Verfasser. Nimmt man weiter an, dass die Bücher im Durchschnitt 200 Seiten enthielten und an fünf Tagen in der Wochen geschrieben wurde, musste jeder einzelne weniger als 1,8 Seiten täglich produzieren.

Nun haben die Sozialgerichte beschlossen, dass einem Arbeitssuchenden zugemutet werden kann, eine Bewerbung täglich zu schreiben. Ein Anschreiben und ein Lebenslauf, dies sind auch zwei Seiten am Tag! Eine gute Bewerbung sollte genau an die Stellenausschreibung angepasst werden und stellt damit sehr wohl eine nicht zu unterschätzende Arbeitsleistung dar!

Vielleicht meinen Sie jetzt, ich hätte damit „ja nur einen dummen Vergleich gemacht", aber ich meine das durchaus ernst!

Die beiden „Bewerbungsgurus" und ungekrönten „Päpste des Personalwesens" erbringen keine größere Arbeitsleistung als jeder „pflichtbewußte" Hartz-IV-Empfänger!

Auch wenn das hier in diesem Jahr erst mein drittes Buch ist, so kann ich Ihnen versichern, dass zwei Seiten am Tag durchaus zu schaffen sind (zumal ich bisher nicht immer wieder das Gleiche in „Grün" schreibe)!

Falls Sie gerne schreiben (oder sich zumindest dazu durchringen können), ist „Schreiben" eine sehr empfehlenswerte Methode um Reichtum zu erlangen. Aber keine Angst, Sie müssen das nicht, denn es führen ja viele Wege (nicht nur) nach Rom!

Doch nun zurück zu unserem Vergleich:

Was ist der Unterschied zwischen freiwilligen Schriftstellern und (unfreiwilligen) Bewerbern?

Ganz klar das Ergebnis! Der Schriftsteller wird (ausdauernden Fleiß vorausgesetzt) mit stetig steigendem Einkommen belohnt. Der Bewerber wird (in der Regel) gleich doppelt bestraft! Die Agentur für Arbeit (oder das JobCenter) bezahlt nur 52 Bewerbungen jährlich (mit pauschal fünf Euro pro Stück). Das reicht nur für 2,5 Monate, aber die Bewerbungspflicht besteht ganzjährig! Ab der 53. Bewerbung dürfen Sie die entstehenden Kosten aus der eigenen Tasche bestreiten oder Sie riskieren eine Kürzung/Sperrung Ihrer Leistung!

Die eigentliche Bestrafung geschieht jedoch erst dann, wenn eine der Bewerbungen zum „Erfolg" führt! Zieht man die durch die neue berufliche Tätigkeit anfallenden realen Kosten für den Arbeitsweg, die Verpflegung außer Haus, die berufsbedingte Bekleidung (und eine mögliche Kinderbetreuung) vom Nettolohn ab, bleibt meist nicht viel mehr als das Hartz-IV-Niveau! Dem klassischen Sisyphus gleich, wird monatlich der „Stein" (des Anstoßes) auf dem „Berg" (von Arbeit) gerollt, um dann zum nächsten Ultimo wieder herab zu rollen!

Soll ich Ihnen dann einen herzlichen Glückwunsch oder mein aufrichtiges Beileid ausdrücken?

Richtig ärgerlich wird der Vorgang, wenn sie auch noch gesundheitlich unter dem Arbeitsstress leiden oder gar „gemobbt" werden.

Sollten Sie dennoch das Rentenalter relativ unbeschadet erreichen, haben Sie nichts erreicht! Sie fallen wieder auf Hartz-IV-Niveau zurück (sollten Sie es je verlassen haben)!

Nach Ihrem (endlich eintretenden) Tod hinterlassen Sie der nächsten Generation genauso wenig, denn der Reichtum der Mehrzahl seiner Bürger liegt keinem Staat am Herzen. Die folgende Generation soll schließlich ebenso „arbeiten gehen", wie die zuvor!

Nun könnte es ja sein, dass Sie noch zur „alten Garde" gehören und Arbeit als Lohn an sich bewerten. Sicherlich erfüllen Sie dann Ihre Aufgaben wie kein(e) Zweite(r). Sie fühlen sich „gebraucht", von Ihrer Tätigkeit „ausgefüllt/erfüllt" und als „wertvolles Glied der Gesellschaft". Sie möchten für andere (und gerade Ihre Kinder) ein positives „Vorbild" sein.

Doch warum sollten Sie dann Ihre einzigartigen Fähigkeiten nicht selbständig und selbstbestimmt für eine angemessene Belohnung umsetzen und verkaufen?

Egal woran Sie glauben, an den „lieben Gott", den „bösen Teufel" oder den großen Zufallswürfel, gibt Ihnen dies das Recht, nichts Besonderes und Außergewöhnliches aus Ihrem Leben zu machen?

Wenn Sie nicht an das Schicksal glauben, dann schicken Sie sich doch einfach selbst!

Kommen Sie aus dem „Knick", aus der „Hüfte" und aus dem „Ar...")!

Geben Sie „Gas" und machen Sie was!

Werden Sie „Boss" und haben Sie Spaß!

Sind Sie noch arm oder schon reich?

Es weiß doch heutzutage jedes Kind: Menschen ohne Arbeit sind arm dran! Das stimmt auch praktisch in allen Ländern der Erde. Nicht jedoch in Deutschland, hier ist jeder Arbeitslose so reich, wie ein kleiner „Scheich"!

Jetzt werden gerade diejenigen unter Ihnen, die seit Jahren vom „Amtsleistungen" leben empört aufschreien:

„So eine Frechheit, wie kann der das behaupten?"

„Ich komme schon lange nicht mehr mit dem Geld aus!"

Dann muss ich Ihnen (ja Ihnen ganz persönlich) leider mitteilen, dass Sie gegen die erste Grundregel des „Reichwerdens" verstoßen haben:

>> Reichtum kommt nicht vom „Geldausgeben", sondern vom „Geldbehalten"! <<

Sie denken vielleicht, dass jemand „reich" ist, nur weil er 10 oder 20 Millionen auf dem Konto hat.

Was ist aber, wenn dieser „jemand" vorher Verbindlichkeiten (also „Schulden") von 500 Millionen eingegangen ist?

Es kommt zuerst einmal darauf an, dass Sie monatlich weniger Geld ausgeben, als auf der Einnahmenseite hereinkommt. Es genügt nicht einfach nur „viel Geld" zu besitzen. Denn diesem Trugschluss erliegen (statistisch gesehen) die meisten „Lotto-Millionen-Gewinner" innerhalb der ersten 6 bis 18 Monate! Der durchschnittliche „Lotto-Millionär" kündigt erst einmal seinen ungeliebten Job, den (glaubt er zumindest) hat er ja nun „nicht mehr nötig". Dann folgen in schneller Reihenfolge ein schönes Haus, ein neues teures Auto (man „hat" es ja schließlich) und (falls das Geld noch reicht) noch ein luxuriöse Weltreise. Spätestens die neuen „guten" Freunde oder „leichten" Mädchen führen letztlich zu der schmerzlichen Erkenntnis, dass die finanzielle „Talfahrt" nicht mehr lange so weitergehen kann! Erst wird das Auto verkauft, dann das Haus und zum Schluss stehen die eben noch so überglücklichen „Gewinner" schlechter da, als zuvor.

Nicht „vom Tellerwäscher zum Millionär", sondern „von Millionär zum Hartz-IV-Empfänger"!

Jetzt möchte ich einmal die (gewiss) ketzerische Frage stellen, ob man mit einer Million Euro auf dem Festgeldkonto dauerhaft besser leben kann, als von Hartz-IV?

Ich kann mir gut vorstellen, was Sie jetzt denken!

Sie sagen sich innerlich spontan „ja klar, selbstverständlich" und sind in Ihrer Vorstellung schon in vollen Zügen dabei, das Geld wie ein „Lotto-Millionär" relativ schnell auszugeben. Doch so war die Frage nicht gemeint! Wer von „eigener Hand" leben will, sollte sich diese besser nicht abschlagen!

Diejenigen unter Ihnen, die das Wort „Festgeldkonto" bewusst registriert haben, wissen es. Die 1.000.000 Euro dürfen nicht angetastet werden. Die „Deutsche Bank AG" bietet zur Zeit für eine solche Summe 4% (auf vier Jahre festgeschrieben).

Auf das Jahr gerechnet, ergibt das einen Ertrag von 40.000 Euro. Wer sich nun aber über 3.333 Euro monatlich freut, hat die Rechnung ohne den Wirt, den Arzt und den Veranstalter gemacht!

Der Wirt ist das deutsche Finanzamt. Seine Einkommenssteuer- forderung beträgt (nach der Grundtabelle 2006) für eine Einzelperson 9.223 Euro. Doch auch der Arzt der allgemeinen Ortskrankenkasse hätte gerne 6.320 Euro (AOK Berlin z.Z. 15,8%).

Ach, da hätten wir doch fast die 5,5% Solidaritätszuschlag vergessen. Das macht noch einmal 2.200 Euro. Verbleiben 22.257 Euro. Dies entspräche 1.854,75 Euro monatlich.

Davon könnte man erst einmal (zumindest als Einzelperson) relativ normal leben, wenn auch nicht so, wie man es von einem „Millionär" erwarten würde.

Leider möchte an dieser Stelle der „Veranstalter" ebenso seine Ansprüche geltend machen. Das globale Finanzsystem orientiert sich (immer noch) am US-amerikanischen Dollar. Dieser wird (fast völlig ungedeckt) in ständig steigender Menge auf den Weltmarkt gebracht. Auch in Deutschland führt dies (augenblicklich) zu einer Inflationsrate von über 2%. Diese Teuerungsrate (oder in Fachkreisen „der kleine Zombie Inflation" genannt) nagt an Ihrem Kapitalstock, Ihrer Million. Sie hätte im folgenden Jahr nur noch eine durchschnittliche Kaufkraft von 980.000 € und damit den schleichenden Wertverfall begonnen. Dies betrifft natürlich auch die monatlichen 1.854,75 €. Sie wären (je nach zukünftiger Höhe der Teuerungsrate) in 10, 15, 20 oder 30 Jahren weniger als die Hälfte der heutigen Kaufkraft wert. Spätestens dann würde das heutige Hartz-IV-Niveau unterschritten. Auf Dauer könnte solch ein Millionär nicht über dem monatlichen AlgII-Geld liegen!

Nun gäbe es ja die (theoretische) Möglichkeit, aus dem versteuertem Zinsertrag, einen Ausgleich für den Inflationsverlust in den Kapitalstock zurück zu zahlen. So würden im folgenden Jahr 1.020.000 € zur Verzinsung anstehen, die Inflation wäre ausgeglichen.

Doch um welchen Preis?

Vom jährlichen Nettoertrag (22.257 €) blieben durch den Inflationsausgleich nur noch 2.257 € übrig! Immerhin 188 € monatlich! Gerade mal das Zusatzeinkommen eines Eurojobs! So gerechnet sind alle Hartz-IV-Empfänger „Millionäre mit Inflations-ausgleich"!

Ein alleinstehender Hilfsempfänger bekommt durchschnittlich (je nach Miethöhe) 650 bis 700 Euro im Monat. Dafür bräuchte man (inflationsbereinigend) über 3 Millionen Euro auf einem Festgeldkonto bei der Deutschen Bank!

Ein Ehepaar mit einem kleinen Kind verfügt über ca. 1332 Euro monatlich. Das entspräche rund 7 Millionen Euro!

Ein Paar mit vier Kindern (und entsprechend großer Wohnung) liegt bei über 2650 Euro und damit 14 Millionen!

Um diese Familie mit den ihnen (nach ALG II) zustehenden 31.800 Euro jährlich zu versorgen, wären (incl. Krankenversicherungen) weit über eine Million Euro auch ohne Inflationsausgleich notwendig!

Daher sollte bis hierher klar sein, das einerseits die Leistungen aus Hartz-IV dauerhaft einer sehr großen Menge an Geld entsprechen und es andererseits nach geltendem Recht (und Finanzsystem) für Privatleute nahezu unmöglich ist, reich zu werden oder gar zu bleiben!

Der weltweite Bestseller „Reichtum kann man lernen. Was Millionäre schon als Kinder wussten." von Robert T. Kiosaki und Sharon L. Lechter ist eher für Investoren als Hartz-IV-Empfänger geeignet, hält jedoch einige grundlegende Tipps bereit.

Der wichtigste ist vielleicht, den Aufbau und die Bewahrung eines echten Vermögens durch eine Firmengründung zu ermöglichen.

Doch bevor auf die Details bei der späteren Umsetzung und das „Ausloten" ihres persönlichen Potentials eingegangen werden soll, stellen sich einige grundsätzliche Fragen:

Welches Kapital ist für eine Firmengründung notwendig?

Und vor allem. Erlaubt dies das Gesetz auch?

Erlaubt Hartz-IV eine Firmengründung?

Da in der öffentlichen Diskussion um das Arbeitslosengeld II mehr von den Repressalien und dem Zwang zur Arbeitsmaßnahme die Rede ist, geraten die unschlagbaren Vorteile und Chancen der Gesetzgebung in den Hintergrund. Schauen wir uns doch einmal den Ausgangspunkt von Hartz-IV im Gesetzestext an:

Sozialgesetzbuch (SGB)

Zweites Buch (II)

Grundsicherung für Arbeitsuchende:

§ 1:

(1) Die Grundsicherung für Arbeitsuchende soll die Eigenverantwortung ... stärken und dazu beitragen, dass sie ihren Lebensunterhalt unabhängig von der Grundsicherung aus eigenen Mitteln und Kräften bestreiten können.

... ...

§ 2:

(Grundsatz des Forderns)

(1) Erwerbsfähige Hilfebedürftige ... müssen alle Möglichkeiten zur Beendigung oder Verringerung ihrer Hilfebedürftigkeit ausschöpfen.

Dies ist aus meiner Sicht der entscheidende Kern und damit auch der verbindliche Auftrag für die Praxis in den JobCentern.

Wer sollte also etwas gegen Ihre erfolgreiche Selbständigkeit haben?

Sie sind gesetzlich dazu aufgefordert „alle Möglichkeiten zur Beendigung oder Verringerung ihrer Hilfebedürftigkeit" auszuschöpfen.

Selbstverständlich gehören hierzu auch selbständige Tätigkeiten!

Verstehen Sie wörtlich und übertragen wirklich den Inhalt dieser Worte?

Welchen Grund gibt es dann noch, sich jemals wieder mit der Vermittlungsabteilung Ihres zuständigen JobCenters herum zu ärgern?

Wer sollte verhindern können, das Sie gleich morgen zum nächsten Gewerbeamt gehen und einen Gewerbeschein beantragen?

Was soll Ihr(e) Arbeitsvermittler(in) Ihnen noch vermitteln, nachdem Sie ihr/ihm schriftlich (mit beiliegender Kopie des Gewerbe-nachweises) mitteilen, dass Sie von nun an in Vollzeit selbständig tätig sind?

Wird sich die Leistungsabteilung beklagen, wenn Sie ihr zusichern, in Zukunft monatlich Ihre zusätzlichen Einkünfte zu melden?

Glauben Sie nicht, dass die Ihnen gerne weniger zahlen?

Ist es schlimm, dass Sie ab jetzt nicht mehr in der Arbeitslosen-statistik auftauchen?

Entstünde irgendein Problem, mit (maximal) 280 Euro mehr in Ihrer Tasche und das jeden Monat?

Ergibt sich für Sie eine unzumutbare Härte, wenn Sie währenddessen weiter kostenlos über das JobCenter versichert sind?

Was spricht dagegen ... außer Sie persönlich natürlich?

Eigentore

Ich könnte an dieser Stelle mindestens 580 Seiten lang Gründe aufführen warum, wieso und weshalb es für Sie nicht in Frage kommt, selbständig zu werden.

Doch wer sollte sich dafür interessieren und was könnten Sie sich dafür schon kaufen?

Es ist völlig egal, was früher Ihre Eltern, andere Leute oder Ihr letzter Chef (bei der Kündigung) gesagt haben, ob Sie zu über- oder unterqualifiziert, zu jung und unerfahren oder zu alt und leistungsgeschwächt für den deutschen Arbeitsmarkt sind.

Warum sollten Sie nicht Ihr Bestes geben, dort wo Sie es für richtig und wichtig halten, sowie in einer Art und Weise, die Ihnen Spaß macht?

Wer könnte sich negativ oder warnend über Ihr Vorhaben äußern, solange Sie niemanden davon erzählen?

Wie könnte Ihre neue und zündende Idee kopiert oder gestohlen werden, solange noch keiner davon weiß?

Wenn Sie auf einer Bühne stehen möchten, aber in absolut nichts gut sind, könnten Sie dann in irgend etwas so dermaßen schlecht sein, dass andere darüber herzhaft lachen werden?

Wenn Sie „gutes" Geld damit machen könnten, wofür sich sonst keiner interessiert, werden Sie sich dann dazu erbarmen?

Wenn Sie künstlerisch tätig sein möchten, aber nichts schönes erschaffen können, bringen Sie vielleicht etwas so abgrundtief hässliches zustande, dass es jeder Galerie und jedem Museum zu Ehre gereichen würde?

„Wer nichts wird, wird Wirt.
Und ist ihm selbst das nicht gelungen,
verkauft er halt Versicherungen.
Doch ist er auch dazu zu dumm,
dann sitzt er auf einem Amt herum.

Weißt Du wie es besser geht?

Dann ist es dafür nie zu spät!"

Haben Sie sich schon einmal über Mitarbeiter des JobCenters geärgert oder waren ernsthaft der Meinung Sie könnten das besser?

Ist es denn Ihre Schuld, das die Ihnen keine passende Ausbildung oder Arbeit vermitteln konnten?

Was hält Sie dann noch auf?

Könnte es nicht Ihre Gewerbeanmeldung sein, auf der „Private Arbeitsvermittlung" steht?

Was bliebe dann in Richtung Ihrer bisherigen Vermittlerin weiter zu fragen, als was sie den so zu bieten hätte? Maler, Tischler oder Maurer?

Wenn Sie die Abrechnung und den Papierkram mit dem Amt, sowie die Vorstellungsgespräche mit den Bewerbern scheuen, könnten Sie sich dann eine Zusammenarbeit mit einer bestehenden privaten Arbeitsvermittlung vorstellen?

Selbst die Hälfte von reichlich ist doch noch ganz ordentlich, oder?

Sie brauchen nur offene Arbeitsstellen zu erfragen, den betreffenden Arbeitgeber ein kostenloses Stellenangebot ausfüllen lassen und dieses gegen Provision an Ihren Kooperationspartner weiterleiten.

Das Schlimmste, dass Ihnen dann passieren könnte, wäre zum Beispiel, dass Sie 2.000 Euro Provision innerhalb eines Monats einnehmen. Damit würden Sie (als Einzelperson) aus dem Leistungsbezug herausfallen.

Doch glücklicherweise sind Sie ja der „Boss" Ihres Unternehmens und entscheiden daher über Zeitpunkt und Höhe von Investitionen und Arbeitslöhnen!

Damit können Sie Ihren monatlichen Gewinn jederzeit selbst bestimmen!

Sie sind jetzt der „Boss", warum sollten Sie dann alle Aufgaben selbst erledigen?

Ihre Aufgaben als „Boss" sind es, Ziele zu setzen, schnelle Entscheidungen zu treffen, Aufgaben auf andere zu verteilen (zu delegieren) und deren Umsetzung zu kontrollieren.

Beim letzten Satz wurde Ihnen vielleicht ganz „anders" und sie denken möglicherweise „uhh, ob ich das schaffe"?

Doch mit Zielsetzung, Entscheidungsfindung, Aufgabenverteilung und -kontrolle sind alle notwendigen Fähigkeiten einer wirksamen Führungskraft und eines erfolgreichen Unternehmers umschrieben!

Womit haben Sie als „Boss" ein Problem?

Mit der Zielsetzung?

Wenn Sie Schwierigkeiten damit haben sollten, warum formulieren Sie nicht präzise, was Sie auf keinen Fall (mehr) haben möchten?

In der Wahrscheinlichkeitsrechnung ist es manchmal sehr schwierig, eine Wahrscheinlichkeit direkt zu berechnen. Kein Problem, dann berechnet man halt die entsprechende Gegenwahrscheinlichkeit, das was Sie vermeiden möchten!

Schon haben Sie ein „Antiziel" gesetzt. Zum nächsten Thema „Entscheidungsfindung" ist eigentlich nur noch zu fragen:

Wenn Sie etwas ganz bestimmt nicht mehr wollen, warum setzen Sie dann nicht alle „Hebel" in Bewegung, um es zu verhindern?

Entscheiden Sie sich einfach jetzt und sofort, denn Sie sind der „Boss" und wen wollen Sie denn noch um Erlaubnis fragen?

Probleme mit der Aufgabenverteilung?

Welche Aufgaben können Sie kostengünstig auf andere übertragen?

Zurück zum Beispiel des alleinstehenden „Hartzer-IV-ers" und den 2.000 € Einnahmen pro Monat. Es sind jetzt (mindestens) zwei verschiedene Varianten denkbar:

1.) Die „heißblütige" Variante: Sie verzichten auf die im ALG II geregelte „kostenlose" Krankenversicherung und bestreiten Ihren Lebensunterhalt aus den laufenden Provisionszahlungen. Das ist völlig O.K. (und eigentlich erstrebenswert) solange „es" läuft.

Doch was ist, wenn dann ein schlechter und auch noch zwei „bescheidene" Monate hintereinander folgen?

Entweder werden notwendige Zahlungsverpflichtungen (wie etwa die Miete) nicht mehr bedient oder eine (unter Umständen chaotische) Neubeantragung von Hartz-IV hat zu erfolgen! Sehr, sehr wahrscheinlich entsteht dadurch eine Liquiditätslücke (es fehlt Ihnen eine Zeit lang an Barem)!

Welche Vorteile hätte diese „heißblütige" Variante, um die (ernst zu nehmenden) Nachteile zu überwiegen?

Unter der Voraussetzung, dass „die Geschäfte" gleich gut oder sogar besser laufen werden, steht monatlich genügend Geld zum Leben zur

Verfügung. Allerdings bekommen Sie nun überhaupt kein Geld mehr vom JobCenter überwiesen! Selbst ein Alleinstehender muss erst einmal die ca. 700 € für die eigene Versorgung und die Wohnungsmiete aufbringen. Von zuvor 2.000 € sind dann nur noch 1.300 € übrig. Außerdem haben Sie nun keine Krankenversicherung mehr! (Für größere Bedarfsgemeinschaften müssen natürlich höhere Werte eingesetzt/erreicht werden!) Als Selbständiger unterliegen Sie nicht mehr der gesetzlichen Krankenversicherungspflicht. Sie könnten damit also auch in eine private Krankenversicherung wechseln.

Egal was Ihnen dazu die Werbung im Fernsehen suggerieren will, der Wechsel von einer gesetzlichen zu einer privaten Kasse kann kaum problemlos verlaufen. Denn Ihre „alte" verliert mit Ihnen nicht nur „irgendeinen" Kunden, sondern einen in Zukunft vielleicht besonders zahlungskräftigen. Das man Ihnen versuchen wird, einen „Bären" aufzubinden, ist deshalb verständlich:

„Wenn Sie in die Privatversicherung wechseln, dann können Sie nie mehr zu uns zurückkommen!"

Eine solche Aussage widerspricht ganz klar der gesetzlichen Krankenversicherungspflicht! Ein(e) zuvor privat Versicherte(r) muss im Prinzip nur einen einzigen Tag wieder unter die staatliche Versicherungspflicht fallen und schon ist er (oder sie) wieder Mitglied einer gesetzlichen Krankenkasse. Ab dem ersten Tag eines erneuten Bezuges von ALG II oder der ersten Sekunde einer Beschäftigung auf Steuerkarte sind Sie wieder zurück!

Das eigentlich Problematische ist der (rein kommerzielle) Standpunkt von Privatversicherungen. Diese wollen zwar Ihr „Bestes" (nämlich Ihr Geld), scheuen aber wie der Teufel das Weihwasser kranke Menschen und die damit verbundenen Behandlungskosten. Deshalb ist die Bezeichnung „Private Krankenversicherung" eigentlich irreführend und sollte besser in „Private Gesundenversicherung" umbenannt werden!

Um sich vor der finanziellen Belastung durch chronische oder schwer Kranke zu entziehen, müssen vor dem Beitritt nicht nur allerhand (recht indiskrete) „Gesundheitsfragen" beantwortet werden, sondern es wurde (in den letzten Jahren) auch eine „Vorversicherungsbescheinigung" verlangt. Selbst wenn diese nun sofort vorliegen würde, gibt es bei den meisten Gesellschaften noch eine dreimonatige und leistungsfreie „Wartezeit".

Die negative Wechselwirkung zu der gesetzlichen Krankenkasse ist über die Bescheinigung der Vorversicherung vorprogrammiert. Sicherlich muss ein solches Papier ausgefüllt werden (da ja vorher eine Versicherung vorlag), aber die praktische Frage ist doch wann?

Ich muss an dieser Stelle des Buches klarstellen, dass schon allein durch die monatelange Veröffentlichungszeitraum von dem Augenblick jetzt (da ich dies schreibe) bis zu Ihrem Zeitpunkt (da Sie dies lesen) sich alles Mögliche (einschließlich gesetzlicher Bestimmungen) verändert haben kann.

Doch in meinem persönlichen Fall war es so, dass ich effektiv beim Umstieg von gesetzlich auf privat praktisch monatelang keine Krankenversicherungsleistung hatte, obwohl ich lückenlos dafür bezahlte!

Nun ist es unter Selbständigen seit vielen Jahren üblich, ganz ohne (oder zumindest mit sehr eingeschränktem Leistungsumfang einer minimalen) Krankenversicherung herumzulaufen. Argumente die mir persönlich entgegengebracht wurden, waren z.B.:

„Wenn ich krank werde, kann ich mein Geschäft sowieso gleich zumachen!"

Damit leben diese (von sich selbst) Betroffenen mitten in Deutschland unter „amerikanischen Verhältnissen".

Sollte dafür der „sichere Hafen" von Hartz-IV verlassen werden?

Ich denke nicht! Deshalb überweist das (frühere) Arbeitsamt werdenden Selbständigen aus dem Bezug von ALG I heraus monatlich 300 Euro extra zu den bisherigen Bezügen, damit sie sich eine „richtige" Krankenversicherung „leisten" können.

Für junge und gesunde Selbständige kann eine private Krankenversicherung in Bezug auf Preis und Leistung durchaus Sinn machen. Bei einem älteren (und meist schon) kränklichen Selbständigen nicht unbedingt!

Deshalb benutze ich in dieser (und den folgenden Beispielrechnungen) die 15,8% der AOK. Zur Zeit gibt es eine Reihe von gesetzlichen Ersatzkassen die günstiger sind, da die Kosten im Gesundheitswesen aber so schnell steigen (und auch weitergereicht werden), benutze ich den höchsten Wert. Damit bleibt die Rechnung auf längere Sicht realistisch.

Von 2.000 € ausgehend, kostet die AOK monatlich 316 €. Steigen die Gewinne auf (einen Jahresdurchschnitt von) 3.600 € im Monat, steigen auch die Beiträge auf 567 €. Hier liegt die „Beitragsbemessungsgrenze". Teurer kann es also (vorerst einmal) nicht werden. Nun sind dies aber rein theoretische Werte, denn wie viel Sie innerhalb des nächsten Jahres verdienen, wissen Sie (frühestens) in einem Jahr!

Sicherlich sind Sie jetzt stolz, wenn Sie mit einer einfachen Vermittlungstätigkeit (mit der sich die JobCenter mehr als schwer tun) dem ALG II „entflohen" sind. Verständlicherweise möchte Sie dann so viel wie möglich von Ihrem finanziellen Erfolg für sich behalten. Damit sind Sie (wie Sie gleich sehen werden) auf dem besten Weg, sich das größtmögliche „Eigentor" zu schießen.

Nach der Anmeldung beim Gewerbeamt waren Sie sogleich beim Finanzamt und haben Ihre Steuernummern beantragt. Dort waren Formulare auszufüllen, auf denen auch nach Ihrer Einschätzung zum zu erwartenden Jahresgewinn gefragt wurde. „Vorsichtshalber" haben Sie „0 €" angegeben und tun das Gleiche auch in den folgenden Umsatzsteuererklärungen. Ihre Provisionen vom Kooperationspartner entspringen den Vergütungen aus Vermittlungsgutscheinen des JobCenters. Darin tauchen weder Umsatz-, noch Mehrwertsteuern auf. Wenn das „Amt" das so macht, wird das schon seine Richtigkeit haben.

Beim Termin mit der Krankenkasse läuft es ähnlich. Man fragt Sie nach den zu erwartenden monatlichen Einnahmen. Ihnen ist zwar noch nicht richtig klar, worin der Unterschied zwischen Umsatz, Einnahmen und Gewinn liegt, Sie möchten sich allerdings keine Blöße geben und sagen deshalb:

„Ich weiß noch nicht so genau ..."

Die freundliche Mitarbeiterin schlägt Ihnen vor, erst einmal von 1000 Euro im Monat auszugehen. Das macht einen Monatsbeitrag von 158 Euro. Und dann würde man am Ende des Jahres schon sehen ...
Nachdem Sie im ersten Monat Ihrer Selbständigkeit 2.000 € Einnahmen, 700 € private Entnahme und einen Versicherungsbeitrag von 158 € hatten, verbleibt nach Ihren ersten vier Wochen der Selbständigkeit ein Gewinn von (vorerst) immerhin 1142 €!

Geschäftskosten haben Sie praktisch nicht. Ihr Kooperationspartner war so nett, Ihnen Visitenkarten mit Ihrem Namen und seiner Büroadresse sowie seiner Telefonnummer, Fax und E-Mail zu machen. Sie sind den ganzen Tag über zu Fuß unterwegs und sprechen potentielle Kunden direkt an:

„Schönen guten Tag, ich bin privater Arbeitsvermittler, wie sieht es bei Ihnen mit unbesetzten Arbeitsplätzen aus?"

Schnell haben Sie herausgefunden, dass die meisten Menschen nicht mit ihrem Verstand entscheiden, sondern nach dem Gefühl. Fremden (wie Sie erstmal einer sind) wird grundsätzlich eher Misstrauen entgegengebracht, sodass selbst bei großem realem Bedarf Ihre Eröffnungsfrage in der Regel verneint wird. Sie lassen sich davon jedoch nicht beeindrucken, da Sie dieses psychologische „Spiel" durchschaut haben. Sie bleiben weiter freundlich und interessiert solange Ihr Gegenüber das Gespräch nicht abbricht. Selbst wenn dies geschieht, kommen Sie eben an einem anderen Tag wieder. Sie wissen, dass sich Ausdauer irgendwann in klingender Münze auszahlt. Anderseits sind Sie immer wieder aufs neue überrascht, dass anfänglich „so" beschäftigte Firmeninhaber oder Personalleute plötzlich scheinbar endlos Zeit für Sie aufbringen. Vielleicht arbeiten diese normalerweise ohne Unterlass, doch nun scheinen diese froh darüber zu sein, einmal einen aufmerksamen Gesprächspartner zu haben, der langsam immer sympathischer wird, nämlich Sie!

Aus Sympathie wird schließlich Vertrauen. Auch wenn es manches mal über eine Stunde dauert, bis Ihr Gesprächspartner endlich zugibt: „... naja, in der Buchhaltung könnte wir noch jemanden gebrauchen, vermitteln Sie auch erfahrenes Personal?" Erneut können Sie (ohne übertriebene Hast) das Formular für den „kostenlosen" Auftrag herausholen.

Einzig bei Ihrem (über die längere Hartz-IV-Zeit) schon mittlerweile leicht verschlissenem „Outfit" scheinen (zwar ohne ein Wort darüber zu verlieren) einige Ihrer Firmenkunden die Nase zu rümpfen.

Nicht dass Sie deswegen von der Vermittlung offener Stellen nicht gut leben könnten, dennoch wurmt es Sie, schon wieder „schief angeschaut" zu werden!

Jahrelang hat man Sie auf dem „Amt" gedemütigt. Nun ist Schluss damit! Gerade weil der zweite Monat noch viel besser als der erste lief (Sie erwarten rund 3.000 € Einnahmen), sind Sie nicht mehr bereit als „graue Maus" den zum Teil sehr beeindruckenden Firmenchefs entgegenzutreten, die auch gerne zeigen, was sie haben:

Schicke Anzüge, schnelle Autos und dicke Uhren wollen Sie auch!

Nach einigen Monaten ist es soweit: Sie fahren jetzt einen neuen „Audi-A4", Ihr neuer Maßanzug sitzt wie angegossen und Ihre auffälligen Armbanduhren ziehen die Blicke auf sich. Das der Wagen für 860 € monatlich von einer Autovermietung kommt, der Maßanzug (dessen „Maß" von einer hübschen Direktvertrieblerin vor Ort genommen wurde) über das Internet nur 149 € kostete und die augenfälligen Uhren über eine TV-Auktion nur ein „Taschengeld" erforderten, müssen Sie Ihren neuen „Geschäftspartnern" ja nicht auf die Nase binden.

Ihr Einkommen steigt und steigt. Es wird eigentlich eher durch die mangelnden Vermittlungspotentiale Ihres Kooperationspartners begrenzt, als durch die Mitarbeiter-Anfragen Ihrer neu gewonnenen „Freunde".

An Ihrem Badezimmerspiegel haben Sie ein großes Schild aufgehängt, auf dem steht:

„40.000 Euro bis 21.11.2007"

Sie hatten dieses Ziel vor einem Jahr dort befestigt, um sich zu einer hohen Leistung und einem damals schwer vorstellbaren Erfolg zu motivieren. Nun haben Sie innerhalb der Jahresfrist 42500 Euro ins Verdienen gebracht! Das hätten Sie sich früher in Ihren kühnsten Träumen nicht vorgestellt! Auch wenn Ihr Kopf von der gestrigen Geburtstagsparty noch leicht schmerzt und der Rest-Alkohol eine Autofahrt eigentlich verbietet, haben Sie um 11.00h einen Termin beim zuständigen Finanzamt gemacht. Sie möchten „reinen Tisch" mit der Behörde machen. Vorsichtshalber haben Sie (auf Anraten einiger Firmenkunden) ungefähr 25% Ihrer Jahreseinkünfte zur Begleichung der zu erwartenden Steuerschuld zurückgehalten.

Im Finanzamt angekommen, ziehen Sie eine Wartemarke aus dem Automaten. Nur wenige Leute sind offenbar vor Ihnen dran. Oh, was ist das? Ist das nicht die kleine Süße, die Ihnen den Maßanzug verkauft hat? „Bist Du nicht...", entfährt es Ihnen und zum Glück lassen Sie eine rhetorische Pause, die lang genug ist, damit sie Ihnen ins Wort fällt:

„Ich bin doch Susi, erinnerst Du Dich nicht? Mensch was machst Du denn hier?"

„Geheime Steuersache ...", erwidern Sie (Ihrer Meinung nach) besonders „cool".

Susie mustert Sie sekundenschnell mit prüfend weiblichem Blick von unten (den Schuhen angefangen) bis oben (den korrekten Zustand Ihres Haarschnitts und Ihrer Rasur kontrollierend) und sieht Ihnen dann direkt in die Augen: „Du, ich muss nur schnell meine Unterlagen abgeben ... - (Ähh,) und hast Du heute noch was vor?"

Sichtlich beeindruckt von Ihrem perfektem Äußerem, lässt ihr Blick nur wenig jugendfreies erwarten und versteckt es sogleich hinter einem harmlosen Lächeln.

Spontan fällt Ihnen sofort eine ganze Menge ein, was Sie heute mit „Susi" noch so alles vorhaben könnten. Schon beinahe (gequälte) Gleichgültigkeit vorspielend sagen Sie nur „terminatorengleich":

„Warte doch bitte einfach am silbergrauen A-4, ich bin auch gleich so weit..."

Fünf Minuten später und ein erneutes Klickern der Wartenummer-anzeige entfernt machen Sie sich auf den Weg in die „Amtsstube".
Mit „auf die Schnelle" ausgefüllten Unterlagen haben Sie ein plötzliches aber um so stärkeres „Dejavue"-Gefühl. Selbst wenn „Supermann" existieren sollte, müsste er sich angesichts Ihres Erfolges wie ein kleiner „Wicht" vorkommen!

Während dieses „Gipfelerlebnisses" schreiten Sie durch eine halbdurchsichtige Glastür in das „Reich" eines Wesens, das nicht nur von der Körperform her wenig mit „Susi" gemein hat.

Kaum betreten Sie den engen Raum schallt Ihnen (genervt) entgegen: „Guten Tag, Sie möchten also heute Ihre Steuererklärung abgeben?"

„Ja, und hier sind meine Unterlagen", ein sonst übliches „Baby" können Sie sich gerade noch verkneifen. Doch auch Ihre Stimmung kippt momentan, als Sie hören müssen:

„Diese Unterlagen kann ich nicht akzeptieren, Sie müssen doch wissen, dass Mehrwertsteuererstattungen nur im laufenden Monat möglich sind! Und überhaupt, Ihre vielen Belege über den Kauf von Schuhen und Oberbekleidung lassen sich nicht vom zu versteuernden Einkommen absetzen."

„Aber das ist doch mein Geschäftskonzept, äußerlich auf einer Augenhöhe mit meinen Geschäftspartnern und Firmenkunden zu sein! Glauben Sie ich könnte so leicht so viel Geld verdienen, ohne entsprechend gekleidet zu sein?" Das hätte Sie besser nicht sagen sollen denn:

„Ob ich Ihnen glaube, dass Sie Ihr Geld leicht verdienen, ist nicht relevant! Ich weiß jedoch, dass viele für relativ wenig sehr hart arbeiten müssen!" Daraufhin holt die Finanzbeamtin Luft, blättert weiter und wendet sich dem nächsten „Schlachtfeld" zu:

„Sie haben über einen Zeitraum von 10 Monaten einen PKW für insgesamt 8.600 € gemietet, in welchem Zusammenhang stand dies mit Ihrer Tätigkeit als Privater Arbeitsvermittler?"

„Das gehörte alles zu meinem Konzept", entgegnen Sie schon etwas kleinlauter.

„Wie sah denn Ihr Konzept in den ersten zwei Monaten aus, als Sie noch keinen Mietwagen hatten?" Bohrt die Beamtin nach.

„Naja, ich bin zu Fuß gelaufen, zu den Kunden ist es ja nicht weit."

„Dann brauchten Sie für den Betrieb Ihres Gewerbes eigentlich kein Auto und ein Fahrtenbuch haben Sie sicherlich auch nicht geführt?“

„Nein ...“

Damit hatten Sie das finanzielle „Fallbeil“ selbst ausgelöst, dass nun vier Wochen nach dem schockierenden Besuch beim Finanzamt auf Sie herab saust.

Der vergangene Monat lief nicht gut, die Umsätze waren um die Hälfte eingebrochen (kein Wunder bei Ihrer derzeitigen Laune), Sie hatten „vorsichtshalber“ den „A-4“ wieder abgegeben und „Susi“ hatte (wohl auch deswegen) mit Ihnen „Schluss“ gemacht.

Der Steuerbescheid in Ihren Händen zeigt das wahre Ausmaß der dunklen Wolken, die sich über Ihnen zusammengezogen haben. Die volle Einkommenssteuer auf Ihre 42.500 € hatten Sie ja beinahe erwartet, aber 9.314 € sind eine Menge „Holz“, doch Sie hatten ja eine Rücklage von 10.500 € angelegt. Doch was nun kommt, übersteigt Ihre kühnsten Albträume:

„Für erbrachte Dienstleistungen/Vermittlungen zu zahlende Umsatzsteuernachzahlung in Höhe von 8075 €“, wiederholen Sie fassungslos zu sich selbst. Das darf doch alles nicht wahr sein, Sie haben das Gefühl, dass die Buchstaben vor Ihren Augen zu tanzen beginnen und langsam verschwimmen. Die Zahl die hinter der Bezeichnung „Solidaritätszuschlag“ steht, können (und wollen) Sie nicht mehr lesen, denn Sie zerknüllen den Bescheid wutentbrannt und werfen ihn in die nächste Ecke. Als wären Sie nicht schon genug bestraft, klingelt das Telefon und mit dem Gedanken „jetzt ist eigentlich sowieso alles egal“ heben Sie den Hörer ab.

„Guten Tag, hier ist Ihre Allgemeine Ortskrankenkasse. Wir wollten uns erkundigen, ob Sie schon wissen, wie viel Einkommen Sie im letzten Jahr erzielt haben, denn Ihr bisheriger Beitrag wurde auf der Basis von 12.000 € jährlich berechnet und es war bei Ihnen mehr oder?“

Obwohl Ihnen leicht schwindlig wird und Sie der Ohnmacht nahe sind sagen Sie schicksalsergeben:

„Es waren genau 42.500 Euro, meint das Finanzamt."

„Herzlichen Glückwunsch, da haben Sie ja richtig gut verdient ... aber dann müssen wir natürlich den Monatsbeitrag neu berechnen ... einen Augenblick, ich gebe gleich mal schnell Ihre Daten ein ... aha, da haben wir es ja ... Ihr neuer monatlicher Beitrag ist 559,58 €. Den buchen wir dann ab dem nächsten Ersten von Ihrem Konto ab ... und ... die jährliche Differenz zu Ihren bisherigen 158 € beträgt ... Moment ... genau ... 4.819 € wie möchten Sie den Betrag begleichen ... sollen wir abbuchen, oder möchten Sie Ihren Beitrag lieber bis zum nächsten 15. überweisen?"

„Ja", hauchen Sie nur noch, da Ihre Stimme fast versagt und legen einfach auf. Sie haben genau 10.500 € auf dem Konto, sollen aber mit einem Zahlungsziel von drei Wochen 4.819 € an die AOK und an den Finanzminister 9.314 €, sowie 8075 € und die unbekannte Summe „X", die zerknüllt in der Ecke liegt.

Wenn Sie Ihr Kopfrechnen nicht verlässt, fehlen Ihnen 11.708 € plus „X"! Das werden Sie in dieser kurzen Zeit nicht schaffen.

Es wird Ihnen Wohl oder Übel nichts anderes übrig bleiben, als das zu tun, was Sie schon vor einem Jahr hätten tun sollen: Sie suchen sich einen guten Steuerberater!

Sie nehmen sich fest vor, sich nicht entmutigen zu lassen und morgen mit Ihren Gläubigern Teilzahlungen zu vereinbaren.

Schließlich sind Sie ein Mann,
einer der „Tat",
aber irgendwie auch wie ein großer Hamster
in seinem großen, großen Hamsterrad!

Gleichgewicht

Nun sind nicht alle Hartz-IV-Empfänger alleinstehende junge und gesunde Männer mit der Zielstrebigkeit eines heranstürmenden Nashorns.

Sie könnten auch eine alleinerziehende Mutter mit einem knapp zweijährigen Kind sein, dass seit kurzem sechs Stunden täglich in einem nahegelegenen Kindergarten untergebracht ist.

Auch Sie haben ein Gewerbe als Private Arbeitsvermittlerin angemeldet und Kooperationen mit mehreren bestehenden Vermittlungsbüros aufgebaut. Doch Sie betreiben die Akquisition nicht zu Fuß, sondern per Telefon, einer kostengünstigen Flatrate sei Dank. Ihre Vermittlungserfolge basieren nicht auf ausdauernder Rhetorik, sondern fleißiger Nachfrage. Sie wissen genau, dass Sie nur eine genügend große Menge Angebote machen müssen, um an eine Firma zu gelangen, die dringend von Ihnen Personal vermittelt bekommen möchte. Von Ihrer ursprünglichen Planung mindestens 150 Anrufe pro Tag zu erledigen sind Sie abgekommen. Mit 80 bis 100 Telefongesprächen sind Sie jetzt zufrieden. Um die vielen „nein, wir brauchen niemanden" zu überstehen, haben Sie sich einen psychologischen Trick ausgedacht. Sie rechnen damit, dass jeder 500.Gesprächspartner etwas in der Richtung sagt wie: „Gut das Sie anrufen, ich brauche dringend eine(n) ..." Also schreiben Sie eine „500" auf einen Zettel. Sie tätigen einen Anruf, holen sich kurz Ihr „Nein" ab, streichen die „500" und schreiben eine „499" hin. Sie ärgern sich nicht darüber, sondern freuen sich, dass Sie Ihrem Ziel um ein „Nein" nähergekommen sind!

Obwohl Sie das Ganze an „Fließbandarbeit" erinnert, haben Sie die erste offene Stelle bei einer „244", die zweite bei einer „75" und gleich zwei zusammen bei einer „397". Es sind keine 10 Arbeitstage vergangen und schon haben Sie vier offene Arbeitsstellen, die Sie Ihren Kooperationspartnern zur Vermittlung anbieten können.

Eine weitere Woche später sind die 4 Arbeitssuchenden vermittelt worden und die Vermittlungsgutscheine eingereicht worden. Nach deren ersten sechs Arbeitswochen erscheinen 2.000 € (als erste Rate) auf Ihrem neu eingerichteten Geschäftskonto.

Mit Ihrem Kind (und Ihrer Miete in Höhe von 440 €) haben Sie (zusätzlich zum Kindergeld) einen monatlichen Hartz-IV-Bedarf von 994 €. Den würden Sie nun verlieren, doch eigentlich möchten Sie das nicht, denn Ihre kleine Tochter ist schon wieder krank geworden. Für Tage müssen Sie nun alleine für die Betreuung und Krankenpflege aufkommen. Außerdem können Sie sich etwas schöneres vorstellen, als tagein und tagaus hundertfach vergeblich nach einer „offenen Arbeitsstelle" zu fragen.

Wozu haben Sie sonst in Ihrer Gewerbeanmeldung neben „Privater Arbeitsvermittlung" noch „Werbeagentur" und „Unternehmensberatung" hineingeschrieben?

Sicherlich war ein Grund, beim Gewerbe- und auch beim Finanzamt als „echte" Selbständige anerkannt zu werden, doch viel wichtiger war Ihr lange gehegter „Traum", eine Werbeagentur zu leiten und später einmal Ihr erworbenes „Praxiswissen" als Unternehmensberaterin anderen zur Verfügung zu stellen.

Sie haben sich schon eine ganze Reihe von Geschäftskonzepten ausgedacht, doch gerade nach dem Abbruch Ihres Studiums (während der Schwangerschaft) war das Geld sehr knapp.

Als Sie auf dem JobCenter nach einer Finanzierungsmöglichkeit für Ihr Projekt gefragt hatten, wurden Sie praktisch ausgelacht!

„Wie wollen Sie denn alleine mit einem kleinen Kind eine Werbeagentur aufbauen? Das ist doch lächerlich ... ich werde daher keinerlei Förderung zustimmen ... das wäre doch raus geworfenes Geld! Suchen Sie doch lieber einen Teilzeitjob, so wie es andere Mütter auch tun!"

Jetzt haben Sie sich Ihr benötigtes „Startkapital" selber erarbeitet und das werden Sie nicht mehr hergeben! Als erstes suchen Sie sich einen Steuerberater, von dem Sie schon einiges „Gutes" gehört haben. Einen Termin vereinbarten Sie rechtzeitig. Der erfahrene Mann berechnet Ihnen gleich erst einmal 300 € und bestätigt Ihr Konzept. Die Einnahmen von 2.000 € brauchen Sie mit der Leistungsabteilung des JobCenters nicht zu verrechnen, sondern nur den Ihnen monatlich verbleibenden Gewinn. Weiterhin rät er Ihnen, vorsorglich die 19% Umsatzsteuer (also 380 €) sofort an das Finanzamt zu überweisen. Damit bleiben Ihnen für diesen Monat noch 1320 € übrig, genug für Ihr erstes „Projekt" als Werbeagentur in eigener Sache. Nun haben Sie die Qual der Wahl!

Nutzen Sie Werbemittel um die „Private Arbeitsvermittlung" zu forcieren oder gehen Sie Ihr eigentliches Projekt an?

Sie entscheiden sich für die zweite Variante und entwerfen einen vierfarbigen Flyer, der „normalen" Mietern 20 € dafür in Aussicht stellt, wenn diese durch Sie vermittelten Touristen eine Übernachtungsmöglichkeit bieten. Interessente können sich dann auf der Internetseite „www.nights-in-berlin.de" anmelden. Die Registrierung dieser Website hat Sie 59,88 € für ein ganzes Jahr gekostet. 1260,12 € stehen für weitere Investitionen bereit. Eine kleine Druckerei hat Ihnen 5.000 Flyer für 125 € in Aussicht gestellt. Sie fragen nur:

„Kann ich auch 50.000 für 1.250 € incl. Mehrwertsteuer haben?"

Der Inhaber der Digital-Druckerei lächelt nur und antwortet: „Selbstverständlich!"

Ihr Steuerberater schreibt der Hartz-IV-Leistungsabteilung eine Gewinnbescheinigung über 10,12 € aus. Es ist Ihnen ein Vergnügen, diese persönlich in den Briefkasten Ihres zuständigen JobCenters zu werfen. Am nächsten Tag gehen Sie zum Finanzamt, um die gesammelten Rechnungen mit der Umsatzsteuererklärung für diesen

Monat einzureichen. Sie haben Rechnungen über insgesamt 1989,88 € in denen 378 € Mehrwertsteuer enthalten sind. Diese Steuerart ist für „Endverbraucher" bestimmt, nicht für Gewerbetreibende wie Sie!

Deshalb bekommen Sie im darauf folgenden Monat 378 € Vorsteuer rückerstattet. Ein erneuter Besuch bei Ihrem Steuerberater ist fällig. Mit der Absprache, Ihnen dafür im nächsten Monat die Gewinnabrechnung „kostenlos" zu machen, lassen Sie sich seine Dienste wieder für 300 € in Rechnung stellen. Die Rechnung wandert daraufhin zum Finanzamt, dass Ihnen im Monat drauf eine Vorsteuer von 57 € zurückzahlt.

In Ihrem Bekanntenkreis hat sich inzwischen herumgesprochen, dass Sie sich selbständig gemacht haben. Als Sie mit Freundinnen zum Teetrinken zusammen sitzen, möchte eine der drei es genau wissen:

„Na, nun sag schon, was hast Du in den ersten drei Monaten verdient?"

Ihre Antwort fällt kurz und trocken aus: „10,12 €, 78 € und 57 €."

„Was, dafür gehst Du arbeiten, für etwas mehr als 145 Euro?"

„Selbstverständlich! Normal gearbeitet, also etwas getan wozu ich freiwillig keine Lust gehabt hätte, habe ich nur an zehn Tagen ungefähr jeweils vier Stunden. Das macht 40 Stunden relativ unqualifizierter Arbeit! Ich habe ja nicht wirklich etwas verkauft, sondern lediglich ziemlich oft nachgefragt. Wenn ich als einfachste Telefonistin ohne Vorerfahrung dafür legal 5 Euro in der Stunde netto bekommen hätte, wären das bei 40 Stunden 200 Euro gewesen. Davon hätte mir das JobCenter innerhalb eines Monats 80 Euro von meinem Hartz-IV-Geld gekürzt. Mir wären zusätzlich also nur 120 Euro geblieben. Ihr seht, ich habe als Selbständige 25 Euro mehr verdient! So habe ich die Gebühr für die Gewerbeanmeldung wieder raus, denn ich hatte die Quittung verloren ... OK, ich weiß, was Ihr jetzt denkt ... dafür der ganze Aufwand?

Aber das stimmt nicht, denn erst einmal zähle ich beim JobCenter als Selbständige. Wenn meine Kleine in einem halben Jahr drei wird, kann mich die Vermittlungsabteilung nicht wegen fehlender Bewerbungsaktivitäten oder blödsinnigen Maßnahmen nerven. Als zweites habe ich einen guten Steuerberater, bei dem ich mittlerweile ein gern gesehener Gast bin. Als Drittes und Wichtigstes besitze ich 50.000 Flyer als Werbeträger und eine passende Internetseite als zukünftige Geschäftsgrundlage. Und aus dem Blickwinkel einer normalen Selbständigkeit heraus, habe ich gar nicht so schlecht verdient. Wenn ich das Kindergeld einmal weglasse, hatte ich netto 1.004,12 € plus 1.072 € plus 1.051 € also zusammen 3.127,12 €. Auf ein ganzes Jahr hoch gerechnet, ergibt das 12.508,48 € netto. Mein Steuerberater hat mir vorgerechnet, dass man oder frau dafür ungefähr 1.920 € Einkommenssteuer 2.600 € Krankenversicherungsbeiträge und oben drauf noch einmal 3.135 € Umsatzsteuer zusätzlich braucht. Macht zusammen über 20.160 €. Wieder auf drei Monate runter gerechnet, wären das 5040 €, doch habe ich außerdem für 1.250 € Flyer gekauft! Insgesamt hätte ich als normale Selbständige 6.290 € verdienen müssen, um das Gleiche zu haben wie jetzt!"

Das Lachen in der kleinen Runde ist verstummt und weicht einem interessierten Unglauben. Zuerst still, dann zweifelnde Fragen hervorbringend:

„Das kann doch gar nicht sein ... und selbst wenn, was hast Du davon?"

„Was ich davon habe? Ich kann mich solange beim JobCenter arm rechnen lassen, bis ich wirklich reich bin!"

„Womit willst Du denn reich werden?"

„Mit einem ungewöhnlichen Hotel werde ich reich!"

„Aber wo soll das denn herkommen, wie willst Du das bezahlen und wie lange würde das dauern?"

„Wo das herkommen soll? Es ist schon da! Wie ich das bezahlen will? Es ist schon bezahlt! Und wie lange wird das dauern? Höchstens 6 Monate noch!"

„Bist Du jetzt durchgedreht, wie soll denn das gehen?" Fragt Ihre beste Freundin fassungslos.

„Wenn du mich so direkt fragst, will ich Dir direkt antworten! Ehrlich gesagt, war das Erstellen des Flyers die größere Herausforderung, das Drucken lassen war ganz leicht! Und für die Internetseite hatte ich fast zwei Monate Zeit. War aber eine Menge Arbeit!"

„Wie heißt die Seite denn?"

„Kommt mal her und schaut sie euch an!" Sie deuten auf den Flachbildschirm vor Ihnen und geben in die Tastatur ein „www.nights-in-berlin.de".

„Ach das meinst Du also, ein virtuelles Hotel! Die Flyer werben dafür, sich auf Deiner Website registrieren zu lassen. Wer eine private Übernachtungsmöglichkeit in Berlin anzubieten hat, kann damit bei 20 € pro Nacht bis zu 600 € monatlich pro Zimmer verdienen. Die Vermittlung der zahlenden Touristen übernimmst Du und Dein virtuelles Hotel auf nights-in-berlin.de!"

„Glaubst Du nicht, dass Du Dich damit ein bisschen übernimmst?" Fragt Sie eine andere Ihrer Freundinnen.

„Ihr könnt mir glauben, dass ich mir darüber sehr viele Gedanken gemacht habe, bevor ich meine Gewerbe anmeldete. Die meisten Menschen machen den Fehler, sich entweder eigene oder sogar große Gedanken und Ziele zu verbieten oder sie bewegen sich bei der Planung und Umsetzung stur in eine Richtung, ohne auf mögliche Abkürzungen zu achten. Wer mit einer Rakete ins Weltall fliegen möchte, benutzt ja auch nicht nur eine einzige Raketenstufe, wenn er vom Boden aus startet. Es sind in der Regel drei Stufen nötig, um das Schwerefeld der Erde zu verlassen. Hartz IV ist wie eine riesige erste Raketenstufe, die zwar nahezu unendlich viel Treibstoff besitzt, aber beim Aufstieg schwerer als ein Klotz am Bein wird. Mein Monatseinkommen zum Beispiel steigt dank Hartz IV automatisch auf rund 1.150 Euro mit Kindergeld. Zünde ich nun eine selbständige Beschleunigungsstufe, bremst Hartz IV meinen Einkommensaufstieg durch Verrechnung auf maximal 280 zusätzliche Euro ab. Fällt die finanzielle Zusatzbeschleunigung auch nur etwas zu stark aus, koppelt sich der Hartz-IV-Raketenmotor automatisch ab. Doch alleine mit einer zweiten Stufe wird wohl kaum irgendjemand der Anziehungskraft des Erdbodens der unerfreulichen Tatsachen entfliehen können!"

Eine Ihrer Freundinnen zeigt sich angesichts solcher Worte als überfordert: „Was meinst Du denn damit schon wieder?"

„Ich meine, dass es mit einer normalen selbständigen Tätigkeit nicht möglich ist, der monatlichen Tretmühle zu entkommen! Ich weiß ja nicht, wie ihr das seht, aber ich kann mir nicht vorstellen, dauerhaft als private Arbeitsvermittlerin verkleidet bei etwa einhundert Firmen täglich um freie Arbeitsplätze zu betteln. Ich habe das verdiente Geld genutzt, um mir eine dritte und vierte Raketenstufe vorzubereiten."

„Ja genau, was ist denn nun mit Deinen 50.000 Flyern, sollen wir Dir beim Verteilen helfen?"

„Das wäre sehr nett von euch mir zu helfen die Werbezettel zu verteilen. Selbst wenn ich eintausend Stück täglich verteile, würde ich mindestens zwei Monate dafür brauchen. Das ist aber nicht der Rede wert. Die eigentliche Frage ist doch, was passiert danach?

Wie viele Leute werden dann beim virtuellen Hotel mitmachen?

Werden es 50 oder eher 500 sein?

Und wo kommen dann die passenden Touristen her?

Es ist auf den ersten Blick eine verlockende Idee, zu sagen ... OK, jedem Interessenten könnten pro Monat vielleicht zehn Übernachtungen vermittelt werden. Diese bekommen für jede Nacht 20 Euro. Ich kassiere nun von den Touristen aber 36 Euro dafür. Umsatzsteuer abgezogen blieben mir dann über 10 Euro. So gerechnet könnte ich zwischen 5.000 und 50.000 Euro damit verdienen."

„Das wäre ja toll!" Fallen Ihnen die anderen ins Wort.

„Na ja, wenn es gleich so laufen würde erstmal schon. Aber dabei gäbe es eine ganze Menge Fragezeichen. Für 49 Euro kann ein Tourist ebenso günstige normale Hotelzimmer bekommen. In einigen kleinen Privatpensionen sogar für 6 €, 12 € oder 20 €! Auch wenn in Berlin zuletzt die Einnahmen aus dem Tourismus um über 8% gestiegen sind, gibt es schon eine ganze Reihe Online-Portale, die Übernachtungen vermitteln. Das größte scheint www.hotel.de zu sein. Angeblich hat dieser Online-Hotel-Reservierungsservice täglich über eine Million Kunden, die aus weltweit über 210.000 Hotels aussuchen können. Circa 12.000 andere Websites sind bereits Kooperationspartner. Kein Wunder bei einer Provision zwischen 3,2 und 4,8% vom Übernachtungspreis. Durchschnittlich wird für ca. 200 € gebucht, dass heißt, ich verdiene dann durch dieses Partnerprogramm im Mittel 8 €."

„Was für ein Partnerprogramm?" Platzen die anderen heraus.

„Auf Neudeutsch heißt das Affiliate-Programm. Ich verdiene an der Weiterleitung von interessierten Besuchern meiner Internetseite auf die Seite von (z.B.) hotel.de. Buchen pro Monat 300 Berlin-Touristen auf diesem Wege, verdiene ich ungefähr 2.400 Euro, ohne noch irgendetwas dafür zu tun oder zu investieren zu müssen! Doch das ist noch nicht alles, andere Partnerprogramm habe ich mit der Autovermietung Budget, der Deutschen Bahn und der MitfahrZentrale.de abgeschlossen. Angenommen es wollen von den 300 Berlin-Touristen nur 50 ein Auto mieten und machen dies auch über meine Internetseite, verdiene ich pro Neukunden 10 €, also zusammen 500 €. Weitere 50 reisen günstig über MitfahrZentrale.de und bringen mir nochmal 40 €. Von den Restlichen fährt die Hälfte mit der Bahn. Hier ist (wie sollte es auch anders sein) die Provision nur schwer einzuschätzen, da nicht alle Bahn-Produkte verprovisioniert werden, doch nochmalige 200 € sind sicher realistisch. Das macht insgesamt 3.140 € ohne dafür im eigentlichen Sinne zu arbeiten oder auch nur vor Ort sein zu müssen!"

Jetzt hält es Ihre Freundinnen kaum noch auf den Stühlen: „Das gibt es doch nicht!" „Unglaublich!" Und von Ihrer besten Freundin kommt nur ein kurzes: „Ist ja geil!"

Jedoch scheinen zwei Ihrer drei Freundinnen „zu viel" bekommen zu haben, denn sie tuscheln kurz miteinander, machen verlegene Gesichter und beginnen fadenscheinige Argumente vorzubringen:

„Tut mir Leid, ist echt schon spät geworden. Muss noch für die Klausur morgen lernen ..."

„... und ich muss auch los, muss heute die Schicht im Cafe früher beginnen ... war echt interessant ... wir können ja später nochmal darüber reden."

„Ja genau, ich wünsch dir erst einmal viel Erfolg ... bis dann ... Tschüss ...und danke für Deine Einladung ..."

Sie wünschen Ihrerseits Beate und Judith alles Gute, das Schloss fällt und Sie sind beinahe froh, mit Ihrer besten Freundin endlich allein zu sein: „Sag mal Susi, bist du noch mit diesem Selfmade-Man zusammen?"

„Nein, dieser Trottel hatte seine Steuern nicht bezahlt, kam gar nicht mehr klar ... und war dann zu nichts mehr zu gebrauchen!"

„Nicht einmal mehr dafür?" Sie schauen sich an und lachen dann wie aus einem Mund heraus: „Männer!" „Jäger und Sammler..."

Das tut Ihnen gut. Jetzt sind Sie wieder aufgelockert und können zum Thema zurückkommen: „Dir ist sicher klar Susi, dass Beate und Judith das Beste versäumen?"

„Klar, schieß los, wie geht Dein Plan weiter?"

„Wo ist der Haken dabei?" Da Susi bei Ihrer Frage nur mit den Schultern zuckt und Sie weiterhin erwartungsvoll anguckt, fahren Sie einfach fort: „So toll das Geldverdienen mit Affiliate-Partnerprogrammen über eine eigene Internetseite theoretisch sein mag, eine neue Website kennt erst einmal niemand. Auch nicht diejenigen, welche sich für das Thema interessieren. Rund 80% aller Menschen, die irgendetwas im Internet suchen, benutzen die Suchmaschine www.google.de und alles was bei einer Suchanfrage nicht gleich auf den ersten zehn Plätzen angezeigt wird, ist vom möglichen Umsatz her eigentlich bedeutungslos. Alleine darauf zu bauen, dass durch den Inhalt oder Umfang der Website automatisch irgendwann eine Anzeige durch Google erfolgt ist mehr als naiv. Häufige Suchbegriffe sind auf der Suchmaschine hart umkämpft. Gerade viele Internetshop-Betreiber stecken eine Menge Zeit und Geld in die Suchmaschinenoptimierung ihrer Website. Einfach so in den ersten Rängen einer häufig gestellten Anfrage aufzutauchen ist praktisch bares Geld wert. Google ändert daher regelmäßig seine Bewertungskriterien, um Manipulationen zu begegnen. Doch Google wäre kein mittlerweile milliardenschweres Unternehmen, wenn es nicht ein kommerzielles Schlupfloch gelassen hätten. Jeder, der nur genügend dafür bezahlt, kann unter den Suchbegriffen als Werbung angezeigt werden. Für einen ungeschulten Blick sehen diese Werbeanzeigen genauso wie ein normales Suchergebnis aus und genauso werden sie von den Suchenden angeklickt. Der Preis pro Klick richtet sich bei Google nach der Häufigkeit des Suchbegriffes, der Anzahl der Mitbewerber und nach dem, was diese dafür bereit zu zahlen sind. So kann ein von Google gekaufter Besucher im einen Fall 0,10 € oder im anderen Fall 1 € kosten!"

„Ist es denn besonders schwer in diese Suchmaschinen-Werbung hineinzukommen?" Will Ihre Freundin wissen.

„Nein, man muss sich nur anmelden unter:
http://adwords.google.de/select/Login"

„Und das kann jeder machen?"

„Ja genau. Man (oder frau) braucht nur eine Kreditkarte oder eine Vorauszahlung für die Abrechnung. Das ist leicht. Schwieriger ist jedoch die Frage zu beantworten, woher das Geld dafür kommt?"

„Warum hast Du denn die Flyer drucken lassen, wäre es nicht einfacher gewesen gleich Google-Adwords dafür zu kaufen?" Zweifelt Susi an.

„Klar wäre es einfacher gewesen, aber es bringt unter dem Strich weniger. Sehr erfolgreiche Internetseiten, die mit Adwords arbeiten, geben 25% Ihrer Einnahmen für Werbung aus. Im Umkehrschluss hätte das bedeutet, ich hätte dreimal so viel herausholen können, wie ich vorher rein gesteckt habe. Bei 1250 € hätten das 3.750 € sein können. Sicherlich könnte ich mit diesen wiederum später noch mehr Umsatz machen, aber das ganze ist nicht wie Geld drucken! Letztlich lassen sich nur so viele Anfragen von Google kaufen, wie von Interessierten innerhalb einer bestimmten Zeit gestellt werden. Das Ergebnis lässt sich nicht beliebig vermehren und beschleunigen.

Die Flyer-Werbung hat indirekt einen viel größeren Effekt. Da das Angebot für die Geworbenen nur Nutzen und keine Kosten verspricht, rechne ich mit einer Rücklaufquote zwischen 0,1 und 1%. Es werden sich also wahrscheinlich 50 bis 500 Leute melden, die mit privater Zimmervermietung Geld verdienen wollen. Sie registrieren sich auf meiner Seite und hoffen dadurch Geld einbringende Touristen vermittelt zu bekommen. Das sollen sie ja später auch. Doch damit ich meinem Ziel eine bekannte Unternehmensberaterin zu werden näher komme, muss ich zuvor noch meine dritte finanzielle Raketenstufe zünden!"

„Was soll das denn nun wieder sein?" Will Susi ungeduldig wissen.

„Die Zimmervermieter zeigen durch ihre Registrierung, dass sie bereit sind etwas zu tun, um Geld zu verdienen. Außerdem haben sie grundsätzlich Vertrauen bewiesen, in mein Angebot und damit auch in mich! Wenn ich sie dann anrufe oder ihnen eine E-Mail schreibe in der ich ihnen anbiete noch viel mehr zu verdienen und dabei noch Eigentum zu erwerben, ist es da nicht sehr wahrscheinlich, dass der eine oder andere nicht abgeneigt sein wird?"

„Wie soll das gehen?"

„Es gibt einige Fertighaus-Firmen in Berlin, die gleich noch passende Grundstücke und Finanzierungen mit anbieten. Als Eigenkapital wird den finanzierenden Banken Eigenleistung beim Bau vorgerechnet. Das bedeutet, dass die werdenden Hausbesitzer einfache Hilfsarbeiten in den verschiedenen Bauphasen selber ausführen. Nun wird kalkuliert, was eine solche Leistung normalerweise kosten würde und diese Summe als Eigenkapital in die Finanzierung eingebracht. Letztlich vermindern sich die Baukosten um diesen Betrag. Ist der neue Bauherr darüber hinaus bereit, nach der Fertigstellung seines Hauses der Herstellerfirma dieses als Musterhaus ab und zu (zu Werbezwecken) zur Verfügung zu stellen, erhält einen unbefristeten monatlichen Zuschuss. Außerdem kann die der Sonne zugewandte Dachseite einem Stromkonzern (wie z.B. Vattenfall) zur Installation einer Solarstromanlage vermietet werden. Das bringt noch einmal rund 250 € im Monat. Unterm Strich bekommt der neugeborene Hotelbesitzer (der eben noch einfacher Zimmervermieter war) ein wenigstens 400 m² großes Grundstück auf dem ein 2-stöckiges Haus (incl. ausgebautem Keller und Dachboden) mit 170 m² nutzbarer Fläche (je nach aktuellen Zinssatz) für insgesamt 600 bis 700 € monatlich."

„Aber wer kann sich denn heutzutage eine so hohe zusätzliche Belastung leisten, denn das Ganze muss ja mindestens 250.000 € kosten, oder?" Fragt Ihre Freundin nach.

„Da hast du die Kosten ziemlich genau geschätzt Susi, doch das ist nur die halbe Wahrheit, denn es gibt da ja noch eine nennenswerte Einnahmen-Seite: Der ausgebaute Dachboden könnte entweder als kostenloses eigenes Büro oder sogar als Hausmeisterwohnung genutzt werden, das ist jedoch nebensächlich. Die ersten Einnahmen werden aus der Vermietung der zwei Doppelzimmer im 1.Stock und der vier Einzelzimmer im Erdgeschoss erzielt. Geht man von einer 50% Auslastung des Hotels aus und einem Übernachtungspreis pro Person von 20 €, dann ergäbe das monatlich 2400 €. In Zeiten großer Messen oder Sportveranstaltungen könnte es auch mal das Doppelte sein!

Die Kosten für das Projekt holt dann alleine der Aufenthaltsraum im Keller heraus." Mit diesen Worten holen Sie eine Planungsmappe hervor und blättern bis zum entsprechenden Grundriss. „Abgesehen von der Sitzgruppe für maximal acht Personen und dem Gemeinschaftsfernseher werden alle Automaten und Geräte kostenlos von verschiedenen Aufsteller-Firmen bereit gestellt. Schau mal, hier steht der Kaffe-, hier der Softdrink- und hier (ganz wichtig) der Bier-Automat. Daneben steht ein anderer Automat mit kleinen Snacks und Süßigkeiten. Diese Raumseite macht den Hotelbesitzer nicht reich, deckt aber die gesamten Stromkosten ab. Die andere Raumseite ist da finanziell schon interessanter. Ein Flipper und ein Geldspielgerät. Ich habe sogar einen Internet-Cafe-Besitzer gefunden, der die Kosten für einen DSL-Anschluss und zwei Internet-PC-Plätze übernimmt. Per Münzeinwurf kostet dann die Viertelstunde Internet 0,50 €. Die Hälfte davon gehen an das Hotel. Flippern, Geldspiel und Internetsurfen bezahlen das Haus und die Zimmervermietung den Gewinn.

In der Kalkulation, die ich für die Zimmervermieter vorbereitet habe, rechne ich den Interessenten 2000 bis 3000 € Monatsverdienst bei 0 € Eigenkapital vor! "

Ihre Freundin grübelt dabei laut heraus: „Jetzt gibt es aber leider eine steigende Menge Leute, die statt 0 € reichlich Minus haben!"

„Das ist grundsätzlich kein Problem. Es gibt Firmen, die bauen die bestehenden Schulden einfach in die Baufinanzierung mit ein. Hat jemand rund 40.000 € für Privatkredite am Hacken, werden eben halt bis 300.000 € finanziert und es bleiben nur 1.700 bis 2.700 € Ertrag im Monat übrig!

Bei 1% Tilgung und 4% Darlehenszins sind es monatlich 1.250 €, bei 5% sind es 1.500 € Monatszahlung an die Bank. Zieht man davon die Erträge des Solardaches und der Musterhaus-Regelung ab, liegt man zwischen 800 und 1.100 € im Monat. Die finanzierende Bank fragt sich nur, ob der Bauherr in der Lage sein wird, diese Summe mit größtmöglicher Regelmäßigkeit zurückzuzahlen. Hierbei ist die Erklärung meiner Werbeagentur vorteilhaft, dass ich für eine mindestens 50%ige Belegung des Hotels über meine Internetseite sorgen werde.“

„Wie kannst Du das zusichern, hast Du denn genug Geld für die nötige Werbung?“ Verwundert sich Susi.

„Manchmal ist es im wirklichen Leben ein bisschen wie in der theoretischen Atomphysik. Bestimmte Prozesse lassen sich nur erklären, wenn man die Möglichkeit von Zeitsprüngen akzeptiert. In dem Augenblick, wenn ich in Richtung Bank meine professionelle Zusage ausspreche, bin ich dazu finanziell überhaupt nicht in der Lage, diese Zusage auch zu verwirklichen. Wenn die Bank allerdings ihr O.K. für die Finanzierung gibt, fließt mir von der Fertighaus-Firma eine Vermittlungsprovision in Höhe von 3% zu. Das sind von etwa 250.000 € immerhin 7.500 €!

Jetzt brauchst du nicht so zu gucken Susi, ich möchte diese Provision gerne mit dir teilen!“

„Erwartest Du etwa von mir, das Ganze zu verkaufen? Das traue ich mir echt nicht zu, sorry!“

„Keine Angst, du sollst gar nichts verkaufen! Ich mache das Hotel-

Angebot und die Profis der Fertighaus-Firma machen den Gebäude- und Grundstücksverkauf. Du machst einfach das, was du immer sehr gut machst: Den Maßanzug perfekt anzupassen."

„Wie meinst Du denn das wieder?"

„Ganz einfach! Von mir und von der Herstellerfirma gibt es eine klare Ansage. Doch was die Anzahl, Ausstattung und Aufteilung der Zimmer, sowie die Gestaltung des Kellerbereiches anbelangt, ist der Kunde König! Angenommen er will lieber vier Doppelzimmer oder acht Einzelzimmer, ist alles in Ordnung. Er macht den Innenausbau sowieso selbst! Und egal ob er im Keller lieber ein Bistro, ein Restaurant oder einen Dark-Room haben möchte, es ist seine Entscheidung!"

„Ah, jetzt beginne ich zu verstehen: Als erstes verteilen wir die Flyer. Dann registrieren sich Leute auf Deiner Internetseite, die Zimmer vermieten möchten und erwarten dann von Dir Berlin-Touristen vermittelt zu bekommen. Dafür fehlen Dir die Werbemittel, deshalb verkaufst Du einigen von Ihnen mit meiner Hilfe ein Hotel-Projekt gegen satte Provision. Und was passiert dann?"

„Erst einmal fließt reichlich Geld und damit auch ein (kleines) Problem. Die Vermittlungsprovision fließt kurz nachdem das Geschäft zustande kam, doch der Hotelbetrieb kann erst beginnen, nachdem das Haus fertiggestellt ist, also vielleicht erst sechs oder neun Monate später! Das Finanzamt ist dabei das geringere Übel, denn es erwartet nur jährlich eine Abrechnung. Doch zur Zeit bin ich noch Kundin beim JobCenter und die wollen monatlich abrechnen!"

„Wenn Du so viel Geld in so kurzer Zeit verdienen kannst, willst Du dann nicht schnellstmöglich weg von Hartz IV?"

„Das wäre sicherlich normal, aber anstatt mir eine Förderung zukommen zu lassen, haben die mich verlacht und mich damit echt sauer gemacht! Ich habe mir dazu etwas sehr krasses und überaus brauchbares überlegt!"

„Nun spann mich nicht länger auf die Folter!" Drängelt Sie Susi.

„Angenommen, die hätten mir eine Förderung erteilt, dann wären die Gelder erst einmal für ein halbes Jahr bewilligt worden. Allerdings kann die Zahlung bis zu maximal 24 Monaten verlängert werden. Hintergrund ist wohl der Gedanke, dass bis dahin jemand seinen Lebensunterhalt alleine aus der Selbständigkeit bestreiten kann. Wenn die also zögerlich bereit sind, insgesamt zwei Jahre lang zu zahlen, warum sollte ich dann freiwillig schneller sein?"

„Aber das kannst Du Dir doch nicht einfach so aussuchen!?"

„Nach längerer Überlegung kann ich es mir durchaus aussuchen! Hast du schon einmal etwas vom Edelmetallhandel gehört? Den werde als zusätzliches Gewerbe anmelden. Jeder Euro, der mich die Vorzüge von Hartz IV kosten könnte, wird in meinem Edelmetallhandel investiert. Ein passendes Bankschließfach kostet mich nur 30 bis 40 € Jahresmiete. Herauszufinden wie lange Finanzamt und JobCenter mitspielen müssen, das wird mein eigentliches Kapital als Unternehmensberaterin werden!

Je länger ich meinem Plan unbehelligt folgen kann, desto mehr wird sich mein Schließfach mit Gold und Silber füllen!

Sollte es nach dem Abkühlen der US-Konjunktur zu einer großen Weltwirtschaftskrise kommen, gehöre ich bestimmt nicht zu denjenigen, die dumm und verarmt aus der Wäsche schauen, weil ihr Bankkonto auf Null gesetzt wurde, Immobilien und Aktien im Schnitt 90% ihres Wertes verlieren, sowie als sicher geltende Staatsanleihen und kapitalbildende Lebensversicherungen wertlos geworden sind.

Deshalb möchte ich die letzte Phase des (an sich wertlosen) Papiergeldes nutzen, um für mein Kind und mich eine mit realen Werten abgesicherte Basis für die Zukunft zu schaffen! Was ist Susi, machst du mit?"

Phönix aus der Asche?

Nun sind nicht alle Hartz-IV-Empfänger eine allein erziehende Frau mit der Raffinesse einer listigen Unternehmensberaterin. Manche Leistungsempfänger sind scheinbar vom persönlichen Schicksal so dermaßen gebeutelt, dass ein Neuanfang aussichtslos erscheint. Ob Sie nun pflichtbewusst langjährig für einen Arbeitgeber tätig waren, der Sie nun ersatzlos von seiner Gehaltsliste gestrichen hat oder sich leistungsorientiert selbständig betätigten, bis zu viele Kunden nicht mehr zahlungswillig waren oder Sie einfach durch konsequente Nutzung von Privatkrediten der Zahlungsunfähigkeit erfolgreich entgegen strebten, am Ende der finanziellen Abstiegsleiter befindet sich Ihr ganz individueller Privatkonkurs. Am scheinbaren Bodensatz der Finanzgesellschaft angelangt, könnte der irrige Eindruck entstehen, dass sich Leistung für Sie nie wieder lohnen könnte. Dennoch sind sieben Jahre eine relativ kurze Zeit, die Sie unbedingt nutzen sollten, um eine zukünftige und selbst bestimmte Existenz vorzubereiten.

Tolkien benötigte zwölf Jahre für „Herr der Ringe". Gut, er war nebenbei noch Professor an einer Universität, aber was haben Sie als Entschuldigung vorzubringen, wenn Sie ganze sieben wertvolle Jahre des Privatkonkurses ergebnislos verstreichen ließen?

Alle Menschen streben letztlich nach Glück. Entweder nie erreicht oder unerwartet schnell vergangen, zeigt die Jahrtausende alte Menschheitsgeschichte, dass dauerhaft und sicher menschliches Glück nur durch eine erfüllte schöpferische Tätigkeit zu erlangen ist. Wenn Sie dieses Schaffen, Streben und Perfektionieren auf den Zeitpunkt nach der Beendigung Ihres Privatkonkurses bündeln können, ist es möglich, dass Sie wie der „Phönix aus der Asche" steigen und sich aus der zwanghaften Existenzsicherung erheben und befreien können. Mögen Sie kreativ und erfolgreich beim Beschreiten Ihres eigenen Weges sein! Sonst müssten Sie sich vielleicht im JobCenter irgendwann einmal anhören: „Lieber Kunde, hör mal zu, wer was machen muss, bist Du!"

Werbung in eigener Sache

Die Realität scheint dieses Buch bereits überholt zu haben. Gestern Abend (am 27.11.2007) wurde in den Nachrichten bekannt gegeben, dass die Teuerungsrate in Deutschland die 3%-Marke erreicht hat.

Angenommen, die Lottofee wäre Ihnen hold und Sie hätten genau 2.500.000 € gewonnen und mit 4% auf die Bank gelegt. Ein ganzes Jahr lang freuen Sie sich auf Ihre ersehnten 100.000 € Zinsen. Doch leider wurde in der Zwischenzeit die Kaufkraft Ihres Geldvermögens durch die Inflation um 3% (75.000 €) vermindert. Kein Problem denken Sie, dann legen Sie aus den Zinseinnahmen eben diesen Betrag wieder oben drauf. Nun haben Sie 2.575.000 € auf Ihrem Konto, mit der (offiziell) gleichen Kaufkraft wie die 2,5 Millionen 12 Monate zuvor. Sie könnten sich zwar nur noch ungefähr halb so viel Butter davon kaufen, aber Sie vertrauen lieber den „amtlichen" Inflationszahlen.

Ihnen verbleiben ja immer noch 25.000 €, doch Sie haben von Freunden gehört, dass Sie im jedem Fall Steuern dafür entrichten müssen, es wäre also besser gleich zu einem Steuerberater zu gehen. Das tun Sie dann auch sofort am nächsten Tag.

Dieser schockiert Sie nach einem kurzen Blick auf Ihre Zahlen damit, dass allein die fällige Einkommensteuer über 34.000 € beträgt.

„Wie wollen Sie darüber hinaus den Solidaritätszuschlag, Ihre Krankenversicherung und Ihren Lebensunterhalt bezahlen?"

Auf seine Frage wissen Sie keine Antwort und bleiben stumm bis er Ihnen andere Alternativen benennt:

„Sie können entweder Ihr Geldvermögen von der Inflation langsam auffressen lassen oder Sie lernen aus diesen Büchern ..."

Reichwerden
durch
Staatsbankrott

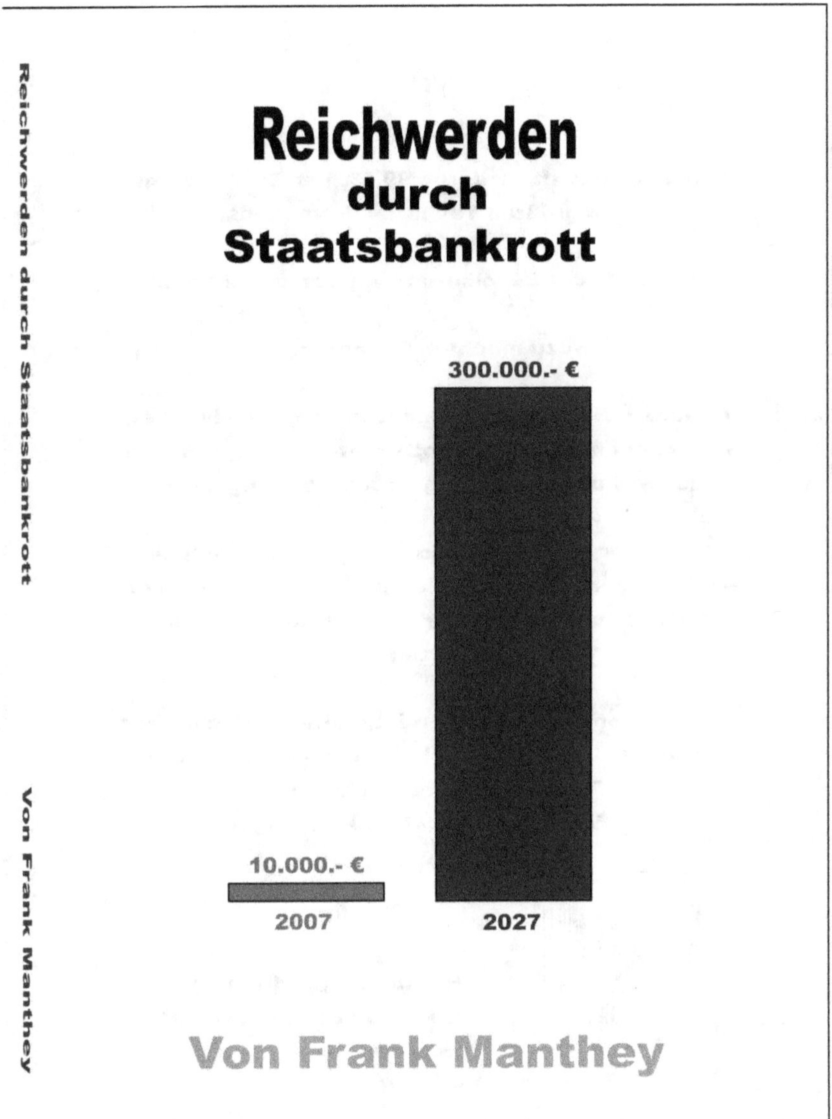

Er erklärt Ihnen, dass dieses auf „Nummer sicher" setze ...

In naher Zukunft verlieren 99,5% der Bundesbürger
den größten Teil ihres Vermögens.

Nur 0,5% der Bevölkerung werden dabei reich!

Wozu möchten Sie gehören?

Ursachen, Hintergründe und Unausweichlichkeit des
kommenden Staatsbankrotts werden analysiert und
der wirkungsvollste legale Ausweg aufgezeigt.

Der Autor möchte seinen Lesern die Möglichkeit
eröffnen, dem kriminellen Verhalten von Regierungen
und Staatsbanken finanzielle Selbsthilfe entgegen zu
setzen.

"Auch wenn die Lage ernst ist, hoffe ich doch Ihnen
noch rechtzeitig einen hilfreichen Wink mit dem
Zaun-Pfahl geben zu können."
Frank Manthey, Projektmanager

ISBN-13: 9783837005967

9 783837 005967

Herstellung und Verlag:
Books on Demand, GmbH
Norderstedt

... eigentlich würden wenige hundert Euro schon ausreichen ...

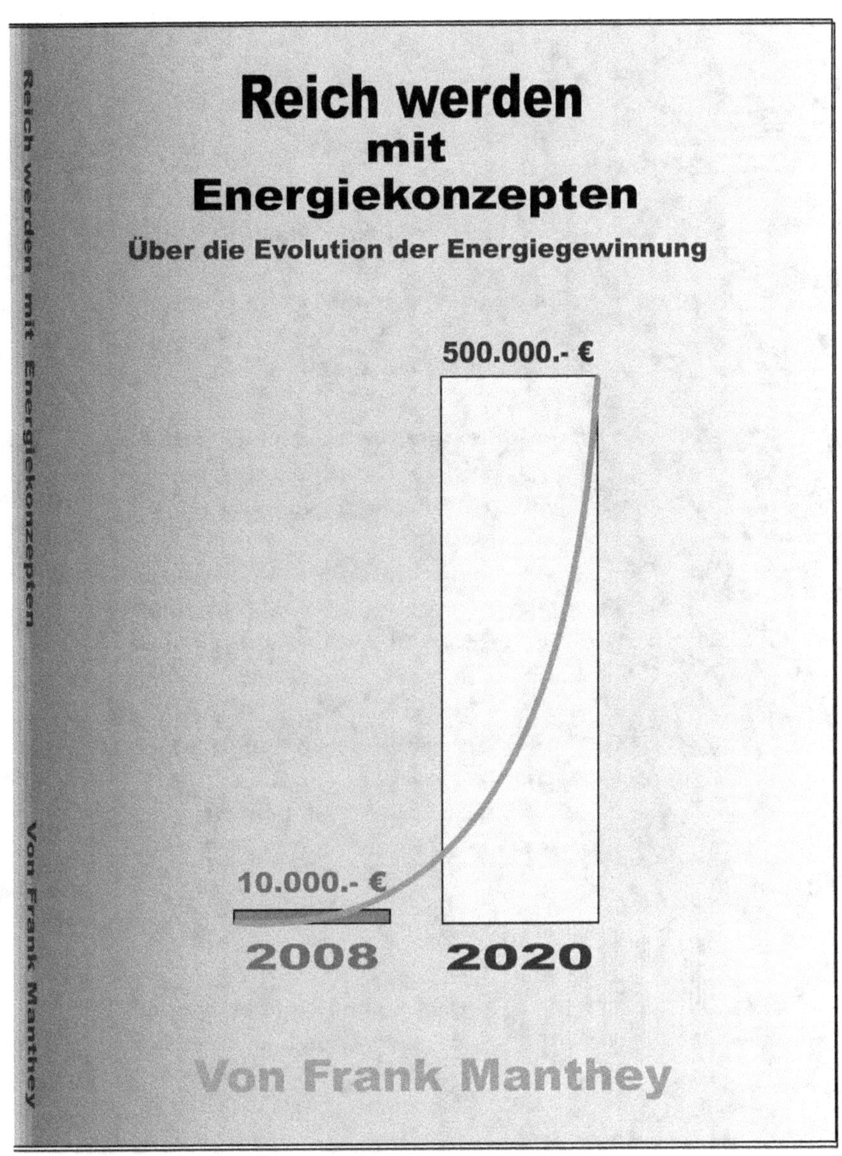

... Ihr Steuerberater meint, dass dieses „viel Mut" erfordert ...

In naher Zukunft verlieren die Energiekonzerne
den größten Teil ihrer Produktionskapazitäten.

Nur einige wenige werden dabei sehr reich!

Möchten Sie dazu gehören?

Ursachen, Hintergründe und Unausweichlichkeit des
kommenden Energiewechsels werden analysiert und
die wirkungsvollsten Anwendungen aufgezeigt.

Der Autor möchte seinen Lesern die Möglichkeit
eröffnen, dem kriminellen Verhalten von Regierungen
und Konzernen finanzielle Selbsthilfe entgegen zu
setzen.

"Gerade für die Zeit nach dem großen Crash
tauchen höchst interessante und dauerhafte
Energiekonzepte am Horizont der Möglichkeiten auf."
Frank Manthey, Projektmanager

ISBN-13: 9783837013283

Herstellung und Verlag:
Books on Demand, GmbH
Norderstedt

... hierbei reicht aber kein Taschengeld, um Millionen zu machen ...
... auf Wiedersehen bei www.frankmanthey.de ...

9 783837 015720